AF218791

Impressum
Verlag: BABADADA GmbH, Nedderfeld 112 , 22529 Hamburg
Geschäftsführer / Verlagsleitung: Harald Hof
Druck: Books on Demand GmbH, In de Tarpen 42, 22848 Norderstedt

Imprint
Publisher: BABADADA GmbH, Nedderfeld 112 , 22529 Hamburg, Germany
Managing Director / Publishing direction: Harald Hof
Print: Books on Demand GmbH, In de Tarpen 42, 22848 Norderstedt

# el colegio
## 学校

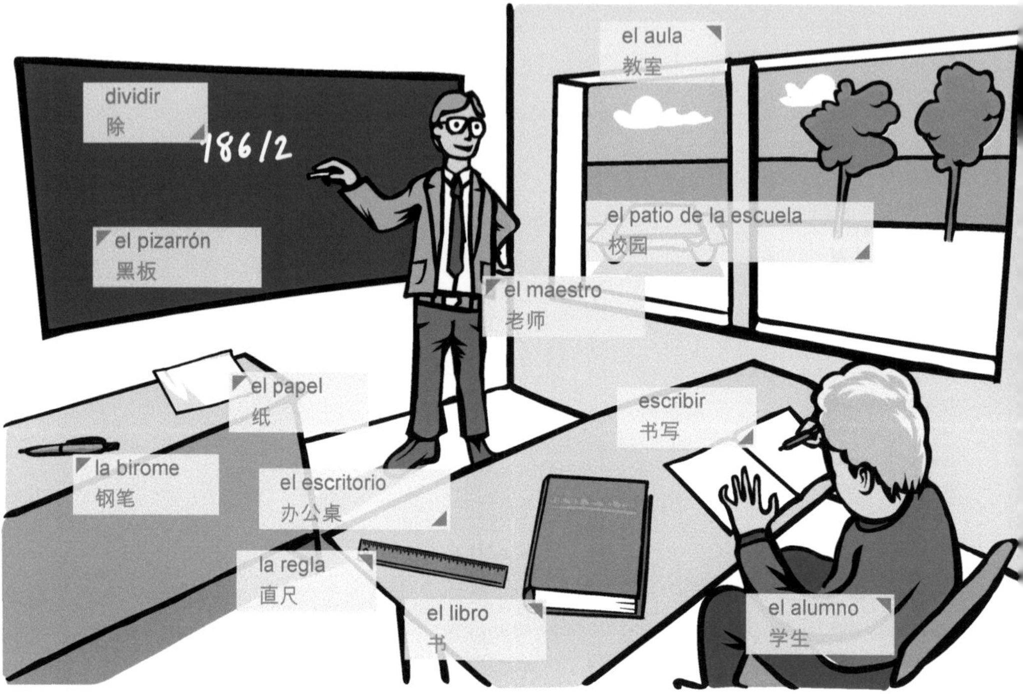
el aula
教室
dividir
除
186/2
el pizarrón
黑板
el patio de la escuela
校园
el maestro
老师
el papel
纸
escribir
书写
la birome
钢笔
el escritorio
办公桌
la regla
直尺
el libro
书
el alumno
学生

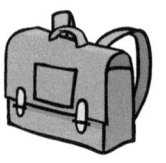

la mochila
书包

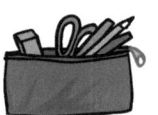

la caja de lápices
铅笔盒

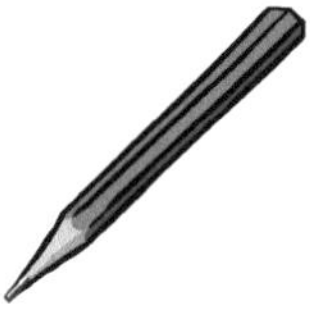

el lápiz
铅笔

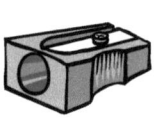

el sacapuntas
卷笔刀

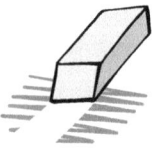

la goma (de borrar)
橡皮擦

el bloc de dibujo
画板

el dibujo

图画

el pincel

画笔

la caja de pinturas

颜料盒

la tijera

剪刀

el pegamento

胶水

el cuaderno de ejercicios

练习册

la tarea

家庭作业

el número

数字

sumar

加

restar

减

multiplicar

乘

calcular

计算

la letra

字母

el abecedario

字母表

la palabra

字

el texto

课文

leer

读

la tiza

粉笔

la lección

上课

el cuaderno de clase

登记

el examen

考试

el certificado

证书

el uniforme escolar

校服

la educación

教育

la enciclopedia

百科全书

la universidad

大学

el microscopio

显微镜

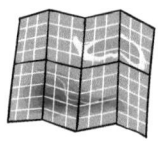

el mapa

地图

el tacho (de basura)

废纸筐

# el viaje
## 旅行

el hotel
酒店
Grand
el hostel
青年旅社
ROOMS
la casa de cambio
外币兑换处
EXCHANGE
la valija
手提箱
el auto
汽车

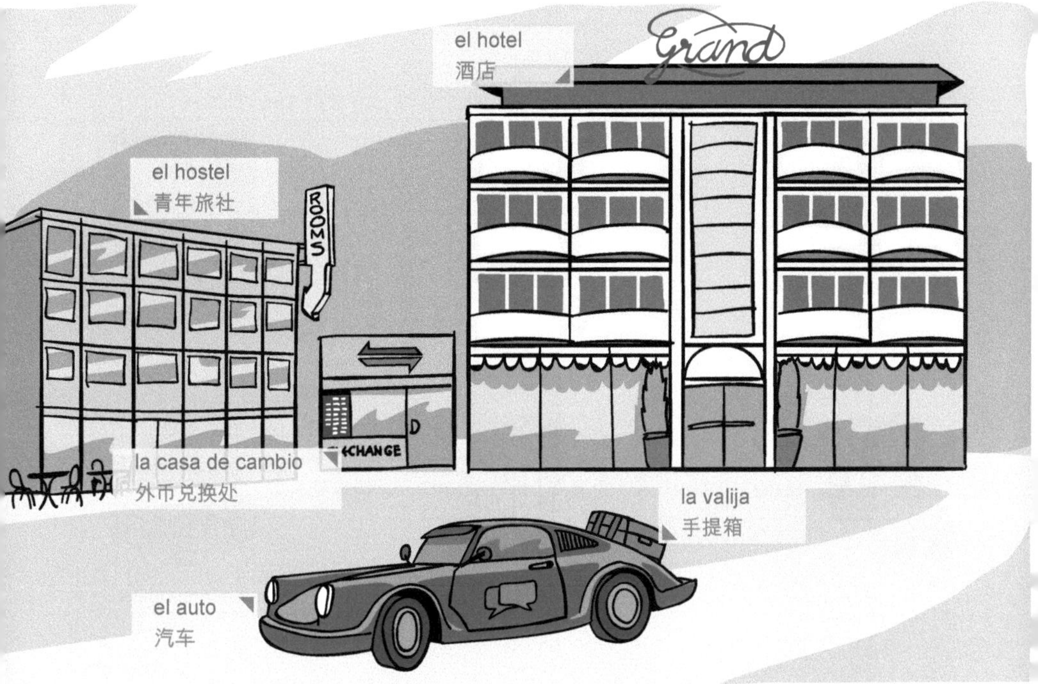

el idioma
语言

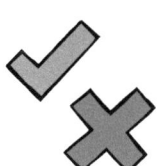

sí / no
是/否

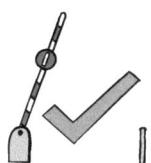

Está bien
好的

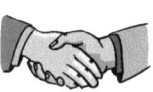

hola
您好

el traductor
翻译员

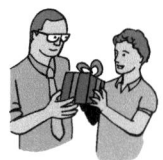

Gracias
谢谢

¿cuánto cuesta…?

……多少钱？

No entiendo

我不明白

el problema

问题

¡Buenas tardes!

晚上好！

¡Buenos días!

早上好！

¡Buenas noches!

晚安！

el adiós

再见

la dirección

方向

el equipaje

行李

el bolso

包

la mochila

双肩包

el invitado

客人

la habitación

房间

la bolsa de dormir

睡袋

la carpa

帐篷

la información turística

旅游信息

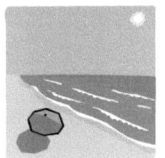

la playa

海滩

la tarjeta de crédito

信用卡

el desayuno

早餐

el almuerzo

午餐

la cena

晚餐

el pasaje

票

el ascensor

电梯

el sello

邮票

la frontera

边界

la aduana

海关

la embajada

大使馆

la visa

签证

el pasaporte

护照

el viaje - 旅行

# el transporte
## 交通运输

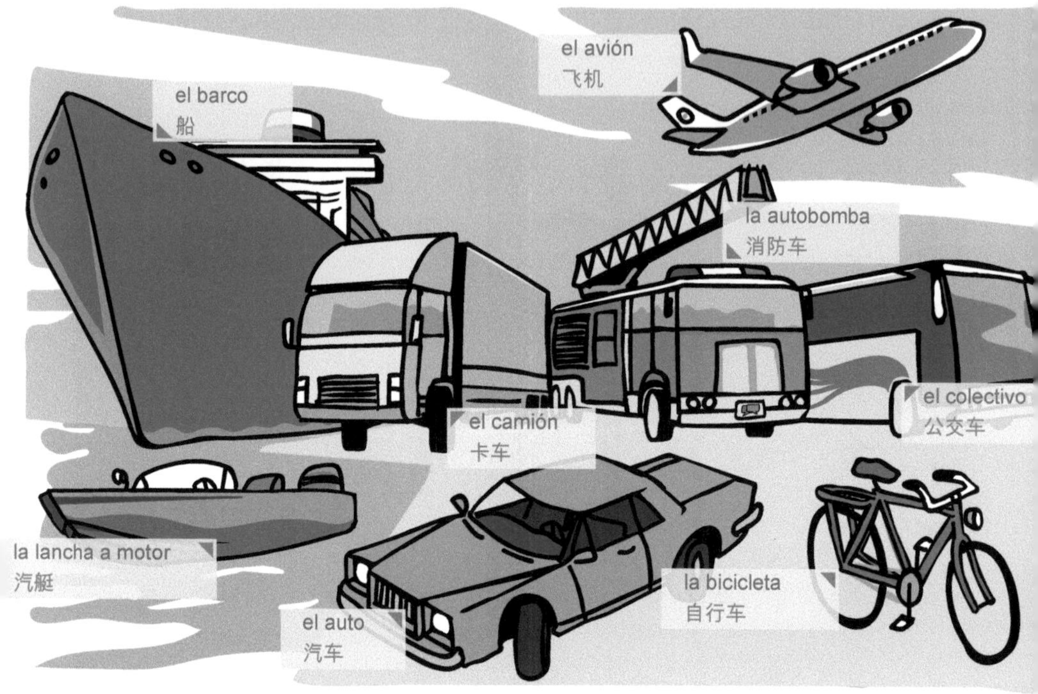
el avión
飞机
el barco
船
la autobomba
消防车
el colectivo
公交车
el camión
卡车
la lancha a motor
汽艇
la bicicleta
自行车
el auto
汽车

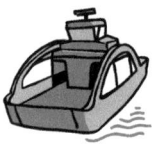

el ferry
摆渡船

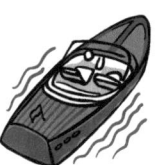

el bote
小船

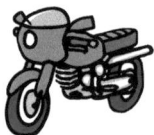

la moto
摩托车

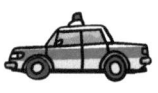

el patrullero
警车

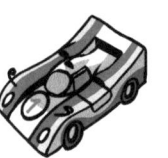

el auto de carreras
赛车

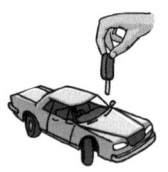

el auto de alquiler
租车

el alquiler de autos

拼车

la grúa

拖车

el camión de la basura

垃圾车

el motor

发动机

la nafta

汽油

la estación de servicio

加油站

la señal de tránsito

交通标志

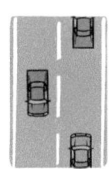

el tránsito

交通

el embotellamiento

交通堵塞

el estacionamiento

停车场

la estación de tren

火车站

las vías

轨道

el tren

火车

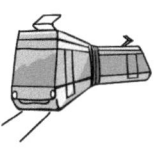

el tranvía

电车

el vagón

货车

el helicóptero

直升机

el aeropuerto

机场

la torre

塔

el pasajero

乘客

el contenedor

集装箱

la caja de cartón

纸板箱

la carretilla

手推车

la canasta

篮子

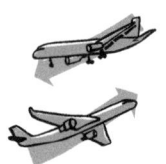

despegar / aterrizar

起飞/降落

# la ciudad

## 城市

el pueblo

村庄

el centro de la ciudad

市中心

la casa

房子

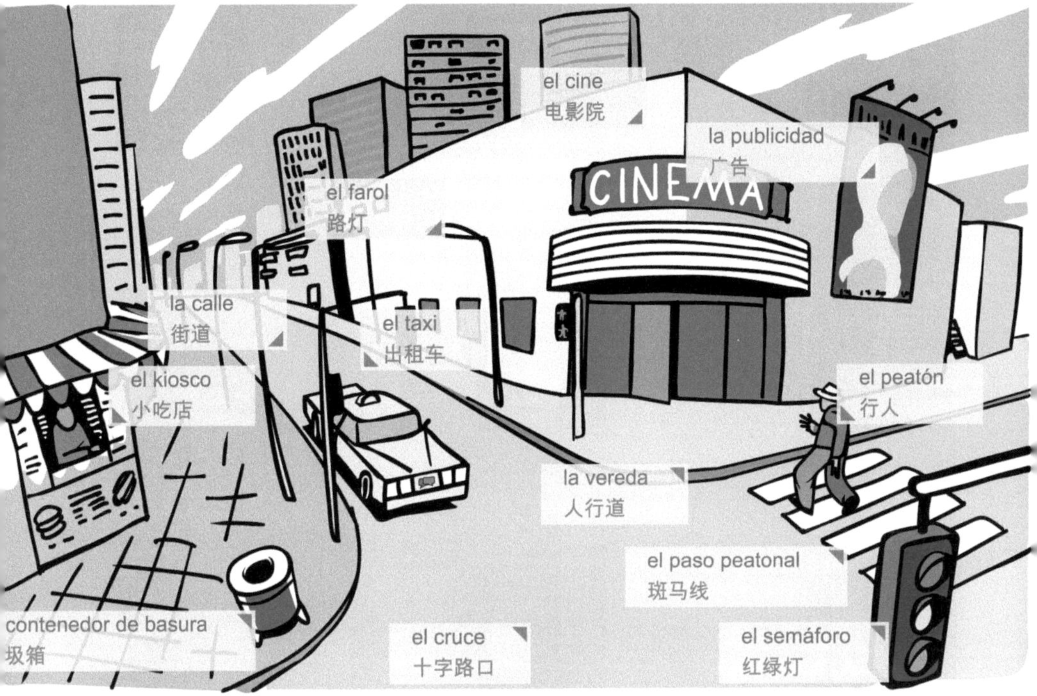

el cine
电影院

la publicidad
广告

CINEMA

el farol
路灯

la calle
街道

el taxi
出租车

el kiosco
小吃店

el peatón
行人

la vereda
人行道

el paso peatonal
斑马线

contenedor de basura
垃圾箱

el cruce
十字路口

el semáforo
红绿灯

la cabaña

小屋

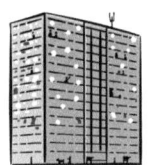

el departamento

公寓

la estación de tren

火车站

la municipalidad

市政厅

el museo

博物馆

MUSEUM

el colegio

学校

la universidad

大学

el banco

银行

el hospital

医院

el hotel

酒店

la farmacia

药房

la oficina

办公室

la librería

书店

el negocio

商店

la florería

花店

el supermercado

超市

el mercado

市场

las grandes tiendas

百货商店

la pescadería

鱼店

el centro comercial

购物中心

el puerto

海港

el parque

公园

el banco

长凳

el puente

桥

las escaleras

楼梯

el subte

地铁

el túnel

隧道

la parada del colectivo

公交车站

el bar

酒吧

el restaurante

餐馆

el buzón

邮筒

el letrero

路标

el parquímetro

停车计时器

el zoológico

动物园

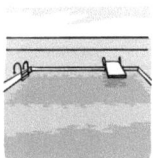

la pileta

游泳馆

la mezquita

清真寺

la granja

农场

la contaminación

污染

el cementerio

墓地

la iglesia

教堂

los juegos infantiles

操场

el templo

寺庙

# el paisaje
## 地形

la hoja
树叶

el poste indicador
指示牌

el camino
路

la pradera
草地

la piedra
石头

el árbol
树

el excursionista
徒步旅行者

el río
河

la hierba
草

la flor
花

el valle

峡谷

la montaña

山

el lago

湖

el bosque

森林

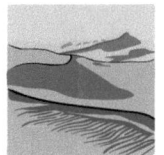

el desierto

沙漠

el volcán

火山

el castillo

城堡

el arco iris

彩虹

el champiñón

蘑菇

la palmera

棕榈树

el mosquito

蚊子

la mosca

苍蝇

la hormiga

蚂蚁

la abeja

蜜蜂

la araña

蜘蛛

el escarabajo

甲虫

la rana

青蛙

la ardilla

松鼠

el erizo

刺猬

la liebre

野兔

la lechuza

猫头鹰

el pájaro

鸟

el cisne

天鹅

el jabalí

野猪

el ciervo

鹿

el alce

麋鹿

la presa

水坝

el aerogenerador

风力发电机

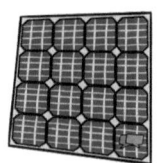

el panel solar

太阳能电池板

el clima

气候

# el restaurante
# 餐馆

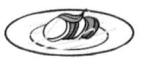

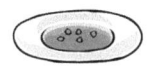

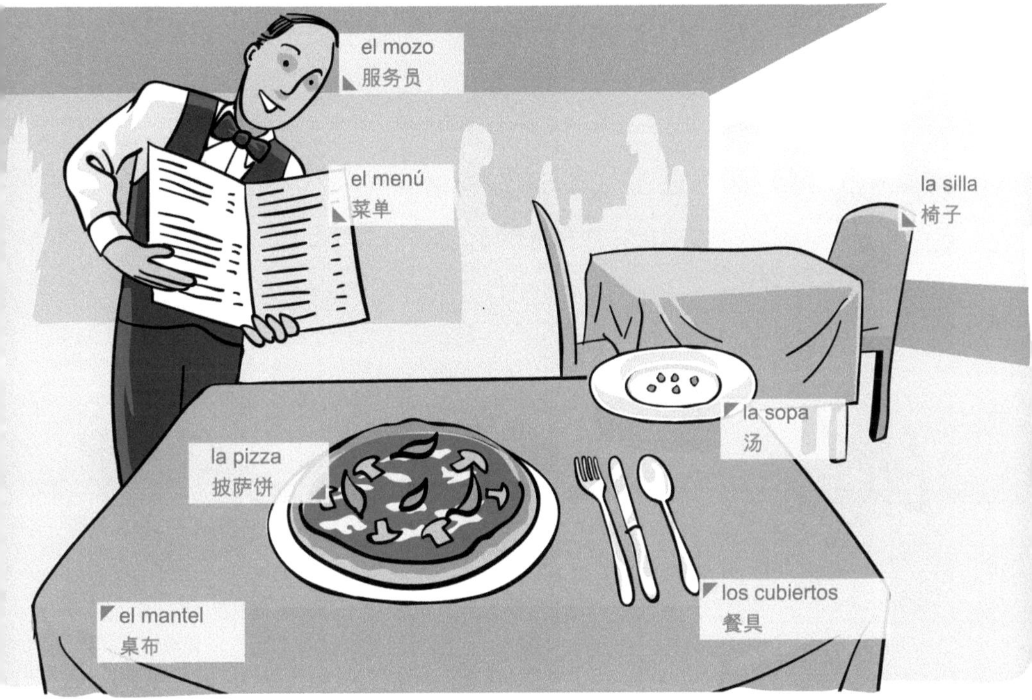

el mozo
服务员
el menú
菜单
la silla
椅子
la sopa
汤
la pizza
披萨饼
los cubiertos
餐具
el mantel
桌布


la entrada

前菜

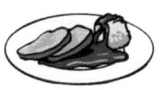

el plato principal

主菜

el postre

甜点

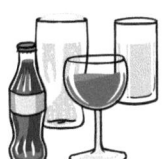

las bebidas

饮料

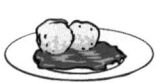

la comida

食物

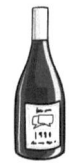

la botella

瓶子

la comida rápida

快餐

la comida callejera

街边小吃

la tetera

茶壶

la azucarera

糖盒

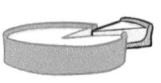

la porción

一份饭菜

la cafetera expreso

意式咖啡机

la sillita alta

高脚椅

la cuenta

账单

la bandeja

托盘

el cuchillo

刀

el tenedor

餐叉

la cuchara

勺子

la cucharita

茶匙

la servilleta

餐巾

el vaso

玻璃杯

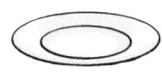

el plato

碟子

el plato hondo

汤盘

el plato

碟子

la salsa

酱

el salero

盐瓶

el molinillo de pimienta

胡椒磨

el vinagre

醋

el aceite

食用油

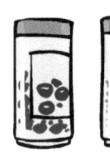

las especias

调味料

el kétchup

番茄酱

la mostaza

芥末

la mayonesa

蛋黄酱

# el supermercado
## 超市

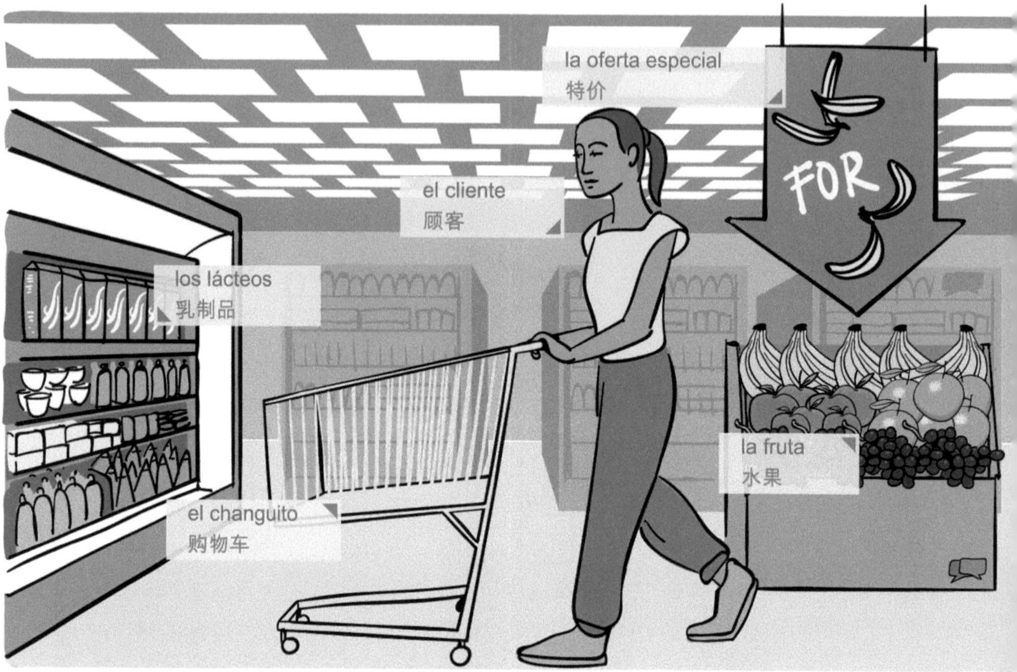

la oferta especial
特价
FOR
el cliente
顾客
los lácteos
乳制品
la fruta
水果
el changuito
购物车

BUTCHERS

la carnicería

肉铺

BAKERY

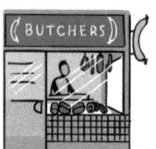

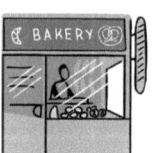

la panadería

面包房

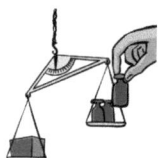

pesar

称重

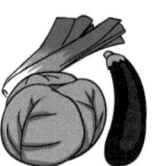

las verduras

蔬菜

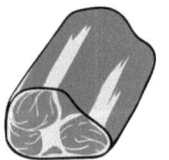

la carne

肉

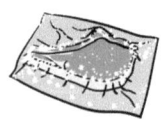

los alimentos congelados

冷冻食品

los fiambres

冷盘

los alimentos enlatados

罐头食品

el detergente en polvo

洗衣粉

las golosinas

甜食

los electrodomésticos

日用品

los productos de limpieza

清洁用品

la vendedora

销售员

la caja

收银机

el cajero

收银员

la lista de compras

购物清单

el horario de atención

开放时间

la billetera

钱包

la tarjeta de crédito

信用卡

la cartera

袋子

la bolsa de plástico

塑料袋

el agua

水

el jugo

果汁

la leche

牛奶

la bebida cola

可乐

el vino

红酒

la cerveza

啤酒

el alcohol

酒

el cacao

可可

el té

茶

el café

咖啡

el café expreso

意式浓缩咖啡

el cappuccino

卡布奇诺

la banana

香蕉

la manzana

苹果

la naranja

橙子

el melón

西瓜

el limón

柠檬

la zanahoria

胡萝卜

el ajo

大蒜

el bambú

竹子

la cebolla

洋葱

el champiñón

蘑菇

las nueces

坚果

los fideos

面条

los tallarines

意大利面条

el arroz

米饭

la ensalada

沙拉

las papas fritas

薯条

las papas fritas

炸土豆

la pizza

披萨饼

la hamburguesa

汉堡包

el sándwich

三明治

el churrasco

炸猪排

el jamón

火腿

el salame

萨拉米

la salchicha

香肠

el pollo

鸡肉

el asado

烤肉

el pescado

鱼

los copos de avena

燕麦片

el muesli

穆兹利

los copos de maíz

玉米片

la harina

面粉

la medialuna

羊角面包

el pancito

面包卷

el pan

面包

la tostada

烤面包

las galletitas

饼干

la manteca

黄油

la cuajada

凝乳

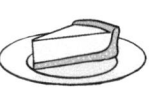

la torta

蛋糕

el huevo

蛋

el huevo frito

煎蛋

el queso

奶酪

el helado

冰激凌

el azúcar

糖

la miel

蜂蜜

la mermelada

果酱

la pasta de chocolate

巧克力酱

el curry

咖喱饭

# la granja
# 农场

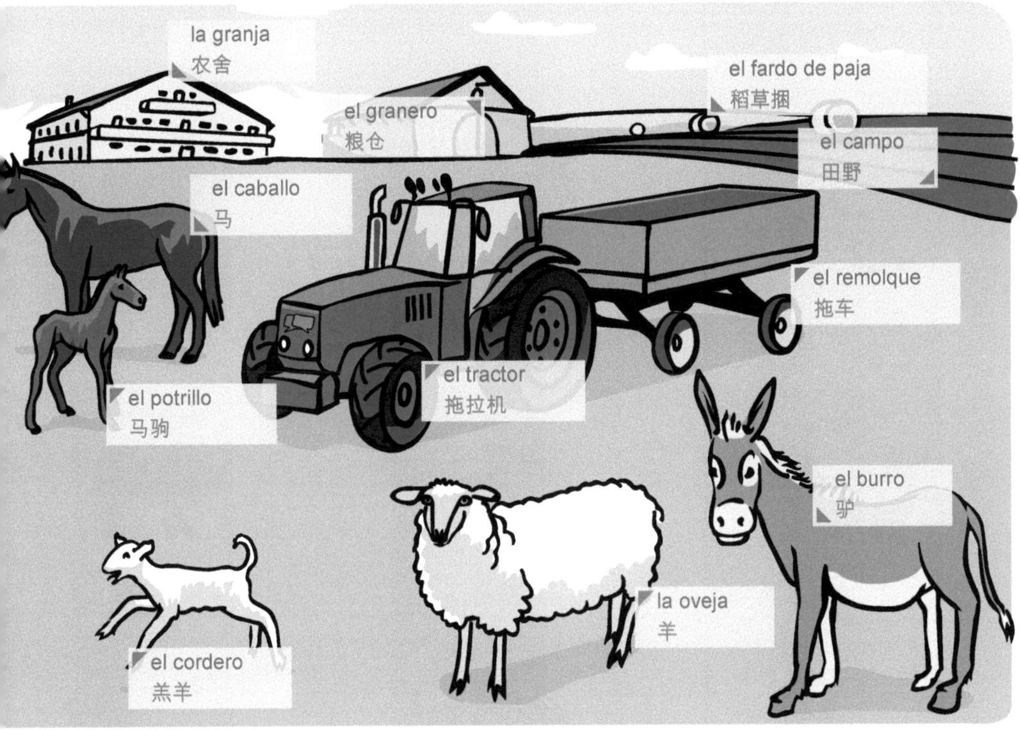
la granja
农舍
el granero
粮仓
el fardo de paja
稻草捆
el campo
田野
el caballo
马
el remolque
拖车
el tractor
拖拉机
el potrillo
马驹
el burro
驴
la oveja
羊
el cordero
羔羊

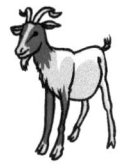

la cabra

山羊

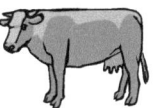

la vaca

奶牛

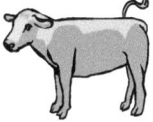

el ternero

牛犊

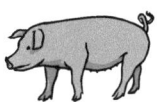

el cerdo

猪

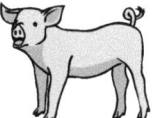

el lechón

小猪

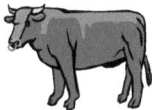

el toro

公牛

el ganso

鹅

el pato

鸭

el pollo

小鸡

la gallina

母鸡

el gallo

公鸡

la rata

鼠

el gato

猫

el ratón

老鼠

el buey

牛

el perro

狗

la cucha

狗屋

la manguera

花园浇水软管

la regadera

洒水壶

la guadaña

长柄大镰刀

el arado

犁

la hoz

镰刀

la azada

锄头

la horquilla

长柄草耙

el hacha

斧头

la carretilla

独轮手推车

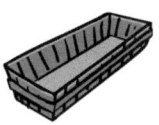

el abrevadero

饲料槽

la lechera

牛奶罐

la bolsa

麻布袋

la reja

栅栏

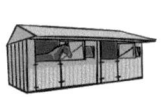

el establo

马厩

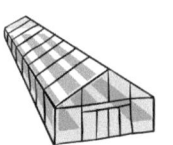

el invernadero

温室

el suelo

土壤

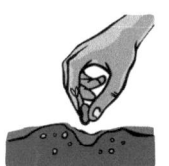

la semilla

种子

el fertilizador

肥料

la cosechadora

联合收割机

cosechar

收割

la cosecha

收割

las batatas

山药

el trigo

小麦

la soja

大豆

la papa

土豆

el maíz

玉米

la semilla de colza

油菜籽

el árbol frutal

果树

la mandioca

树薯

los cereales

谷物

# la casa
# 房子

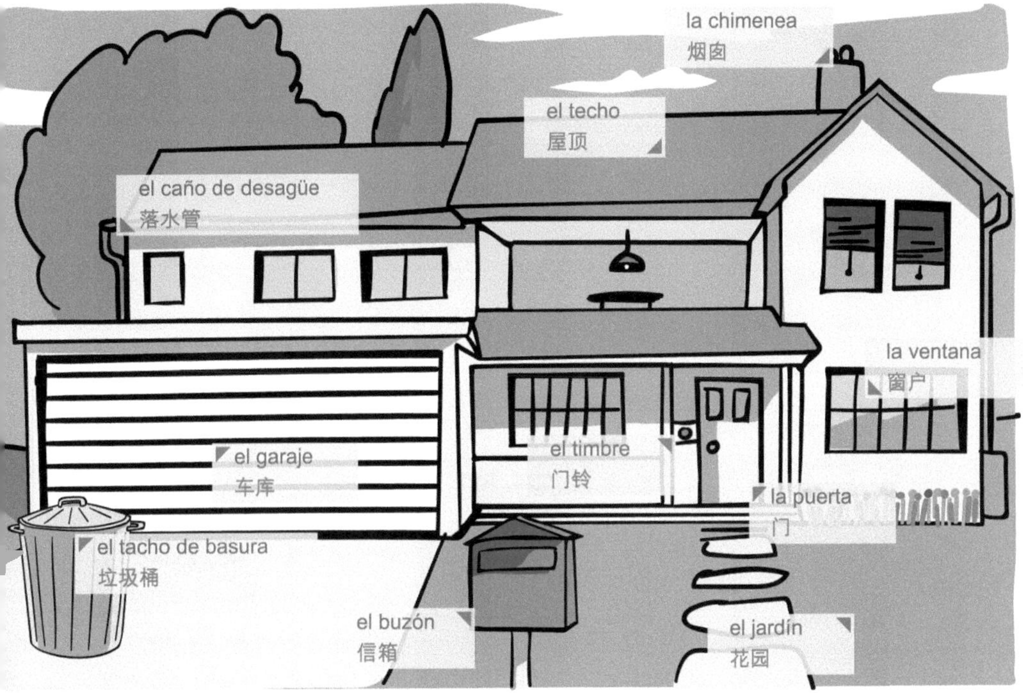

la chimenea
烟囱
el techo
屋顶
el caño de desagüe
落水管
la ventana
窗户
el garaje
车库
el timbre
门铃
la puerta
门
el tacho de basura
垃圾桶
el buzón
信箱
el jardín
花园


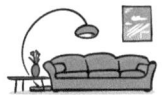

el living
客厅

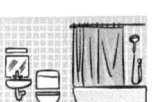

el baño
浴室

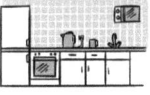

la cocina
厨房

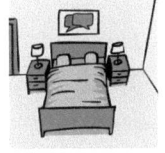

el dormitorio
卧室

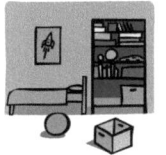

el cuarto de los chicos
儿童房

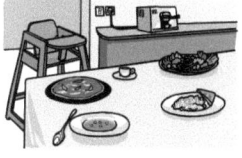

el comedor
餐厅

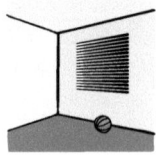

el piso

地板

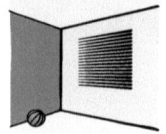

la pared

墙壁

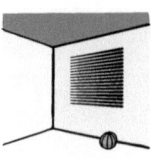

el cielorraso

吊顶

el sótano

地窖

el sauna

桑拿

el balcón

阳台

la terraza

露台

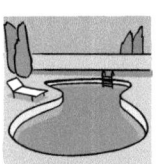

la pileta

游泳池

la cortadora de pasto

割草机

la sábana

被单

el acolchado

床罩

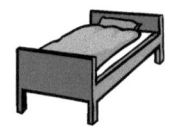

la cama

床

la escoba

扫帚

el balde

水桶

el interruptor

开关

# el living

## 客厅

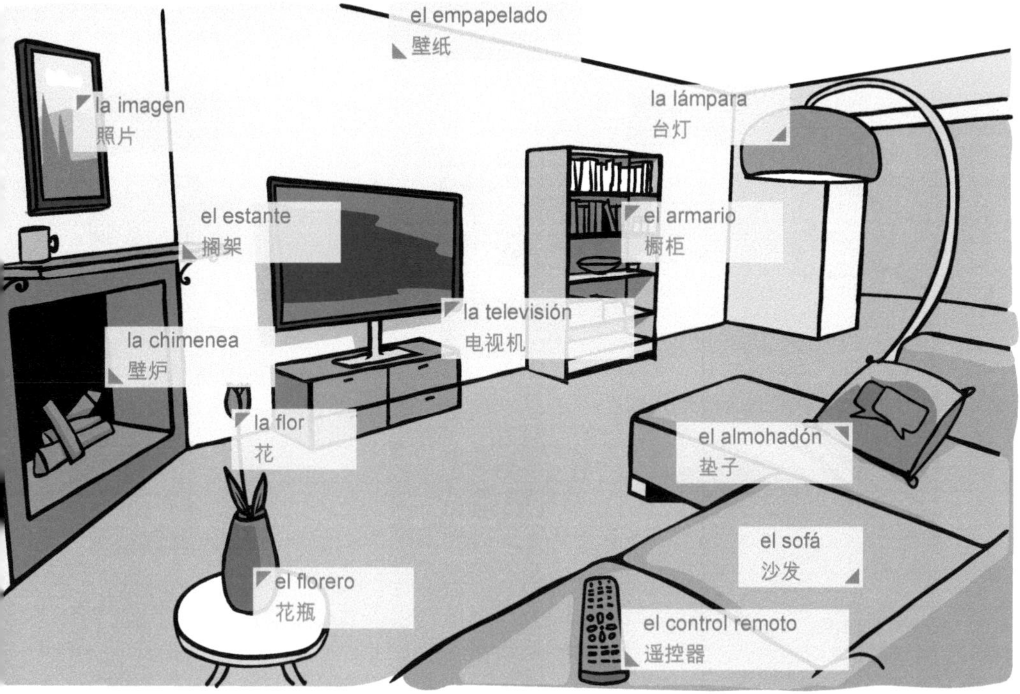
el empapelado
壁纸
la imagen
照片
la lámpara
台灯
el estante
搁架
el armario
橱柜
la televisión
电视机
la chimenea
壁炉
la flor
花
el almohadón
垫子
el sofá
沙发
el florero
花瓶
el control remoto
遥控器

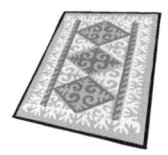

la alfombra
地毯

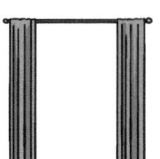

la cortina
窗帘

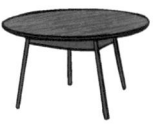

la mesa
餐桌

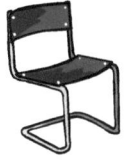

la silla
椅子

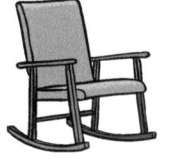

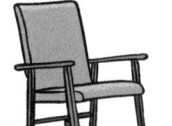

la mecedora
摇椅

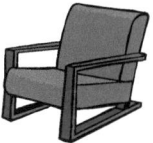

el sillón
扶手椅

el libro

书

la frazada

毯子

la decoración

装饰品

la leña

木柴

la película

电影

el equipo de música

高保真音响

la llave

钥匙

el diario

报纸

la pintura

油画

el póster

海报

la radio

收音机

el cuaderno

笔记本

la aspiradora

吸尘器

el cactus

仙人掌

la vela

蜡烛

# la cocina
## 厨房

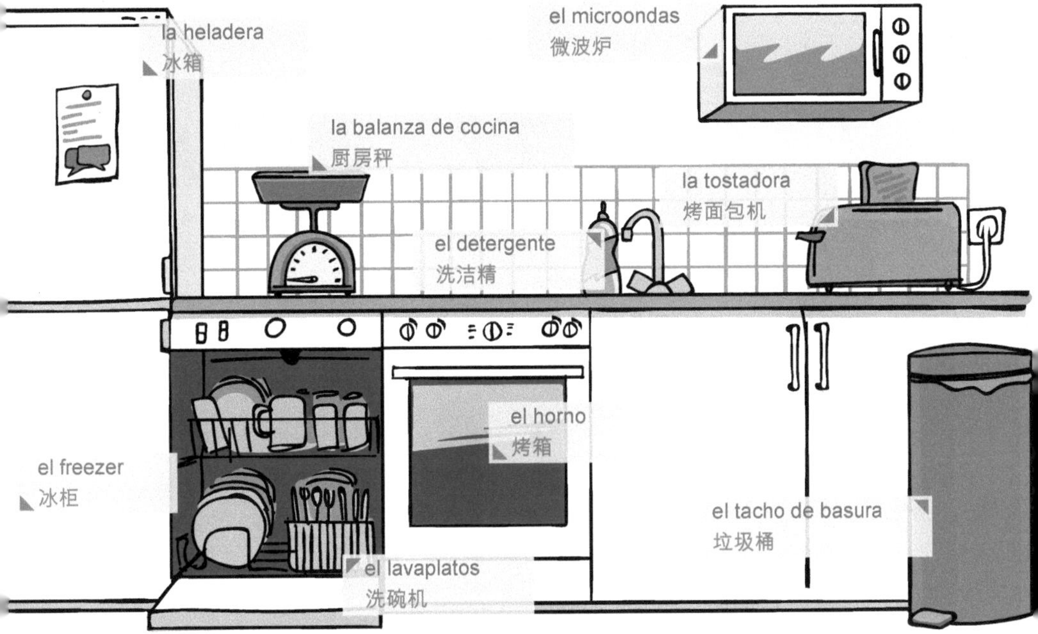
la heladera
冰箱
el microondas
微波炉
la balanza de cocina
厨房秤
la tostadora
烤面包机
el detergente
洗洁精
el horno
烤箱
el freezer
冰柜
el tacho de basura
垃圾桶
el lavaplatos
洗碗机

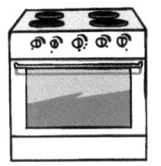

la cocina
炊具

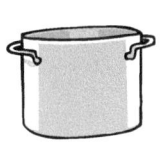

la olla
锅

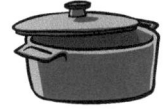

la olla de hierro fundido
铸铁锅

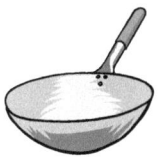

el wok
炒锅

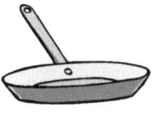

la sartén
平底锅

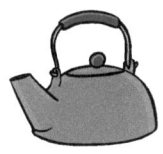

la pava
水壶

**la vaporera**

蒸锅

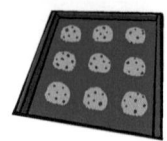

**la bandeja de horno**

烤盘

**la vajilla**

陶瓷锅

**la taza**

马克杯

**el bol**

碗

**los palitos**

筷子

**el cucharón**

长柄勺

**la espátula**

铲子

**la batidora**

搅拌器

**el colador**

滤网

**el colador**

筛子

**el rallador**

磨碎机

**el mortero**

研钵

**la parrilla**

烧烤

**la fogata**

明火

la tabla de picar

菜板

el palo de amasar

擀面杖

el sacacorchos

开瓶器

la lata

罐子

el abrelatas

开罐器

la manopla

隔热手套

la pileta

水槽

el cepillo

刷子

la esponja

海绵

la batidora

搅拌机

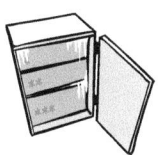

el congelador

冷藏箱

la mamadera

奶瓶

la canilla

水龙头

# el baño

## 浴室

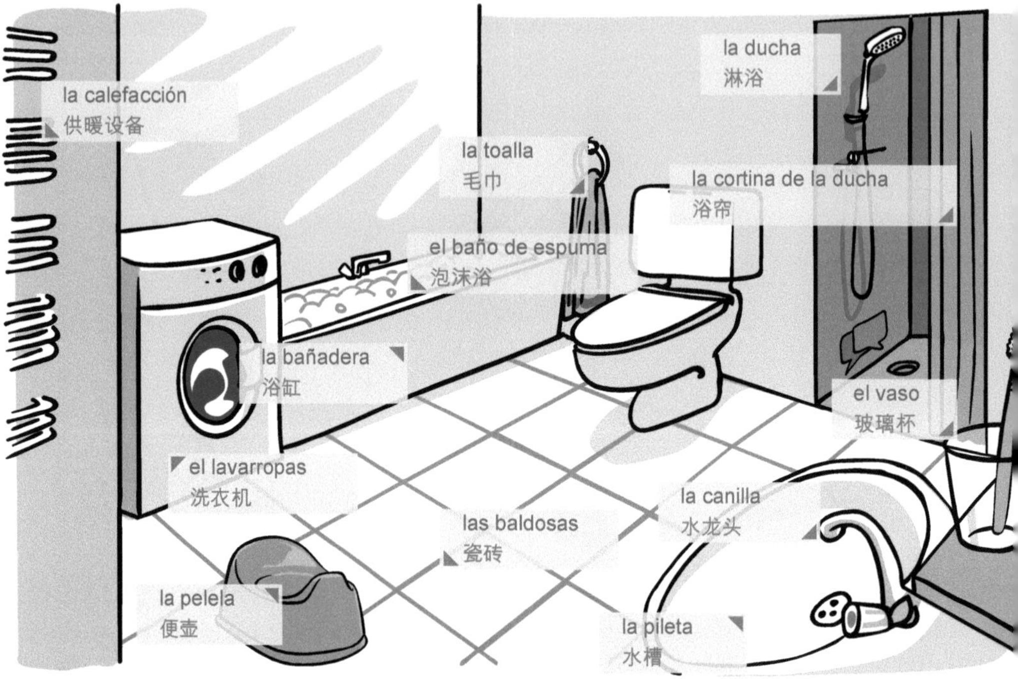

la calefacción
供暖设备
la ducha
淋浴
la toalla
毛巾
la cortina de la ducha
浴帘
el baño de espuma
泡沫浴
la bañadera
浴缸
el vaso
玻璃杯
el lavarropas
洗衣机
la canilla
水龙头
las baldosas
瓷砖
la pelela
便壶
la pileta
水槽


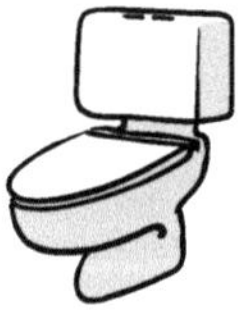

el inodoro
厕所

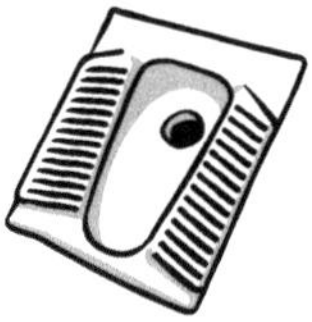

la letrina
蹲便器

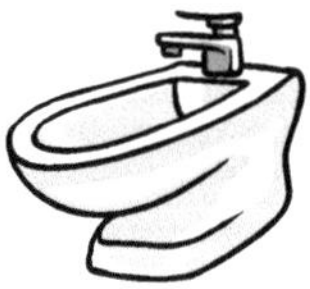

el bidé
坐浴器

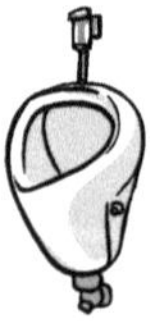

el mingitorio
小便池

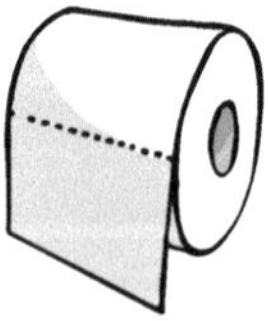

el papel higiénico
厕纸

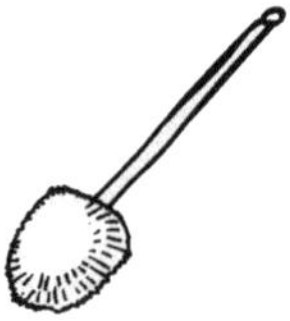

el cepillo para el inodoro
马桶刷

el cepillo de dientes

牙刷

el dentífrico

牙膏

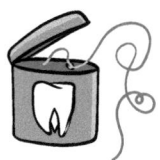

el hilo dental

牙线

lavar

洗

la ducha de mano

手持式喷淋头

la ducha higiénica

冲洗器

la palangana

洗脸盆

el cepillo para la espalda

擦背刷

el jabón

肥皂

el gel de ducha

沐浴露

el shampoo

洗发水

la toallita

法兰绒

el desagüe

排水

la crema

乳霜

el desodorante

除臭剂

el espejo

镜子

el espejito

手镜

la maquinita de afeitar

剃须刀

la espuma de afeitar

剃须泡沫

el aftershave

须后水

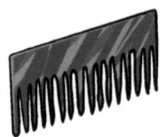

el peine

梳子

el cepillo

刷子

el secador de pelo

吹风机

el spray

喷发定型剂

el maquillaje

化妆品

el lápiz de labios

唇膏

el esmalte para uñas

指甲油

el algodón

化妆棉

la tijera para uñas

指甲剪

el perfume

香水

el portacosméticos

洗漱包

la banqueta

凳子

la balanza

计重秤

la bata

浴袍

los guantes de goma

橡胶手套

el tampón

卫生棉条

la toallita femenina

卫生巾

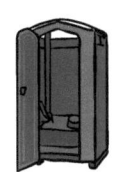

el baño químico

化学厕所

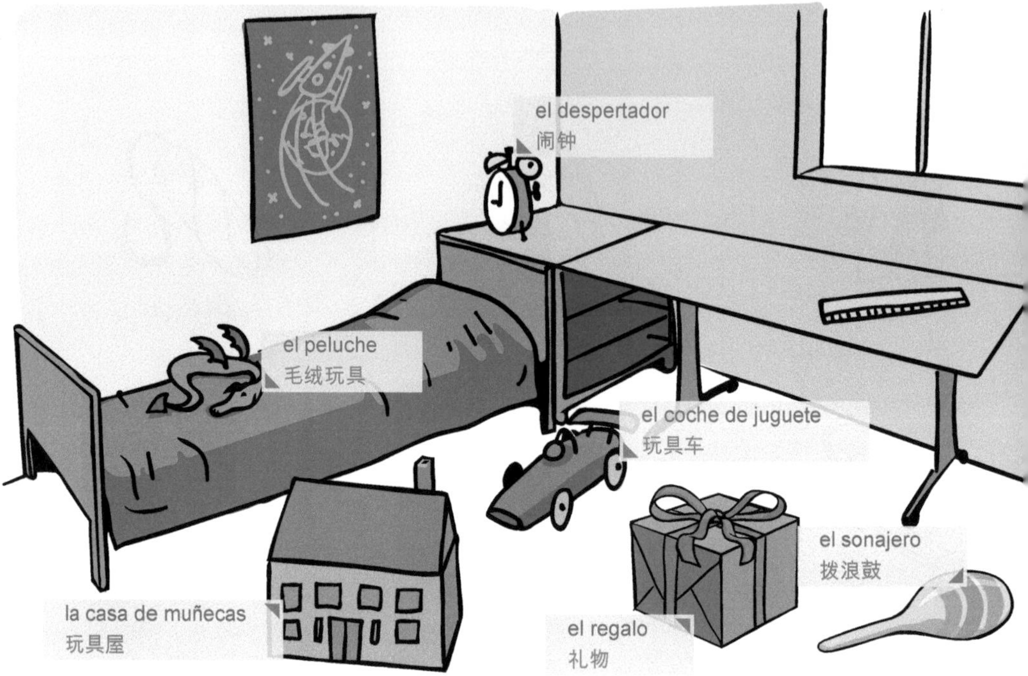

el despertador
闹钟

el peluche
毛绒玩具

el coche de juguete
玩具车

el sonajero
拨浪鼓

la casa de muñecas
玩具屋

el regalo
礼物

el globo
气球

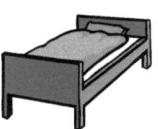

la cama
床

el cochecito
（洋娃娃用）婴儿车

las cartas
扑克牌

el rompecabezas
拼图

la historieta
漫画

las piezas de lego

乐高积木

los ladrillos de juguete

积木玩具

la figura de acción

玩具人

el enterito (de bebé)

婴儿服

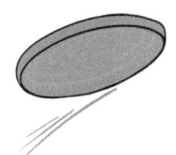

el frisbee

飞盘

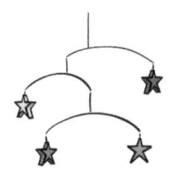

el móvil para bebés

床铃玩具

el juego de mesa

棋盘游戏

los dados

骰子

el tren eléctrico

火车模型

el chupete

安抚奶嘴

la fiesta

聚会

el libro de cuentos ilustrado

绘本

la pelota

球

la muñeca

洋娃娃

jugar

玩

el arenero

沙坑

la hamaca

秋千

los juguetes

玩具

la consola de videojuegos

游戏机

el triciclo

三轮车

el osito de peluche

泰迪熊

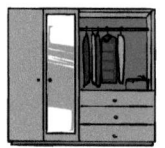

el armario

衣柜

## la ropa

## 衣服

las medias

袜子

las medias panty

长袜

las calzas

紧身裤

la bufanda
围巾

el paraguas
雨伞

la remera
T恤

el cinturón
皮带

las botas
靴子

las pantuflas
拖鞋

las zapatillas
运动鞋

las sandalias

凉鞋

los zapatos

鞋

las botas de goma

雨靴

la ropa interior

内裤

el corpiño

胸罩

el chaleco

背心

la ropa - 衣服

**el body**

身体

**los pantalones**

裤子

**los jeans**

牛仔裤

**la pollera**

短裙

**la blusa**

女式衬衫

**la camisa**

衬衫

**el pulóver**

套头衫

**el buzo**

卫衣

**el blazer**

西装夹克

**la campera**

夹克

**el tapado**

外套

**el piloto**

雨衣

**el traje**

套装

**el vestido**

连衣裙

**el vestido de novia**

婚纱

la ropa - 衣服

el traje

西装

el camisón

睡袍

el pijama

睡衣

el sari

莎丽

el pañuelo para la cabeza

头巾

el turbante

包头巾

la burka

波卡

el caftán

卡夫坦

la abaya

(阿拉伯式)长袍长袍

el traje de baño

泳衣

el short de baño

男式泳裤

los shorts

短裤

el jogging

运动服

el delantal

围裙

los guantes

手套

el botón

纽扣

los anteojos

眼镜

la pulsera

手链

el collar

项链

el anillo

戒指

el aro

耳环

la gorra

便帽

la percha

衣架

el sombrero

帽子

la corbata

领带

el cierre

拉链

el casco

头盔

los tiradores

背带

el uniforme escolar

校服

el uniforme

制服

el babero

围兜

el chupete

安抚奶嘴

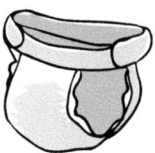

el pañal

尿不湿

# la oficina
# 办公室

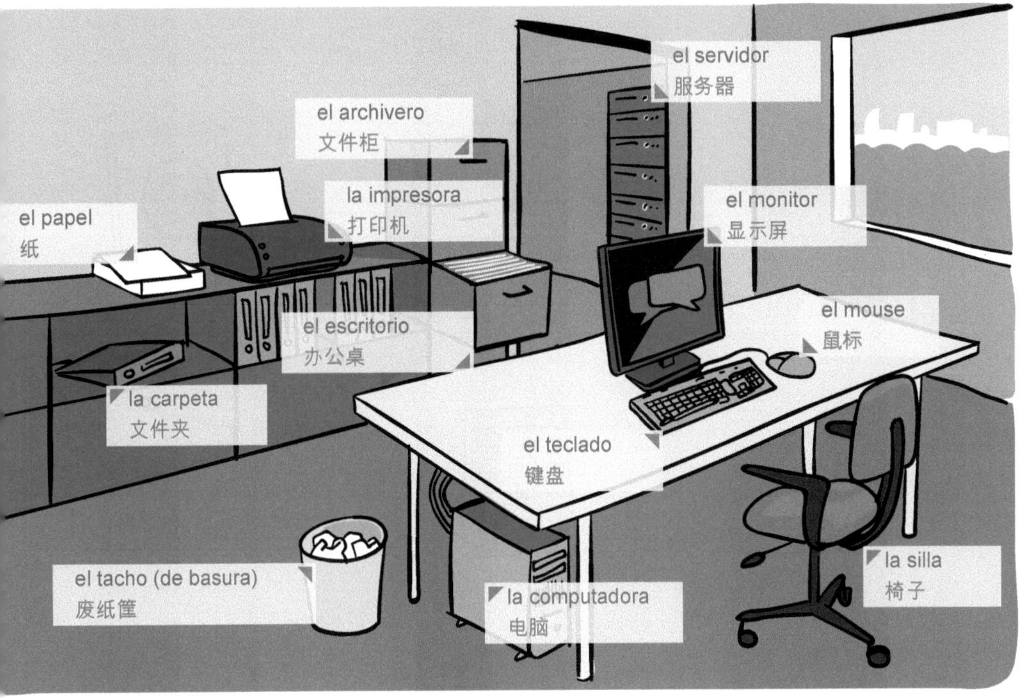

el servidor
服务器

el archivero
文件柜

la impresora
打印机

el monitor
显示屏

el papel
纸

el escritorio
办公桌

el mouse
鼠标

la carpeta
文件夹

el teclado
键盘

el tacho (de basura)
废纸筐

la computadora
电脑

la silla
椅子

la taza de café

咖啡杯

la calculadora

计算器

el internet

因特网

la laptop

笔记本电脑

la carta

信件

el mensaje

消息

el celular

手机

la red

网络

la fotocopiadora

复印机

el software

软件

el teléfono

电话

el tomacorriente

插座

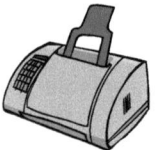

el fax

传真机

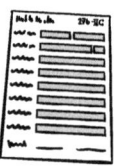

el formulario

表格

el documento

文件

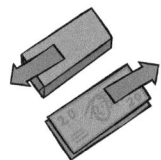

comprar

买

pagar

付钱

hacer negocios

交易

el dinero

现金

el dólar

美元

el euro

欧元

el yen

日元

el rublo

卢布

el franco suizo

瑞士法郎

el yuan

人民币

la rupia

卢比

el cajero automático

提款处

la casa de cambio

外币兑换处

el oro

金

la plata

银

el petróleo

石油

la energía

能源

el precio

价格

el contrato

合同

el impuesto

税金

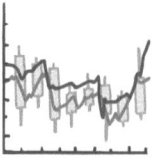

la acción

股票

trabajar

工作

el empleado

职员

el empleador

老板

la fábrica

工厂

el negocio

商店

# las ocupaciones

# 职业

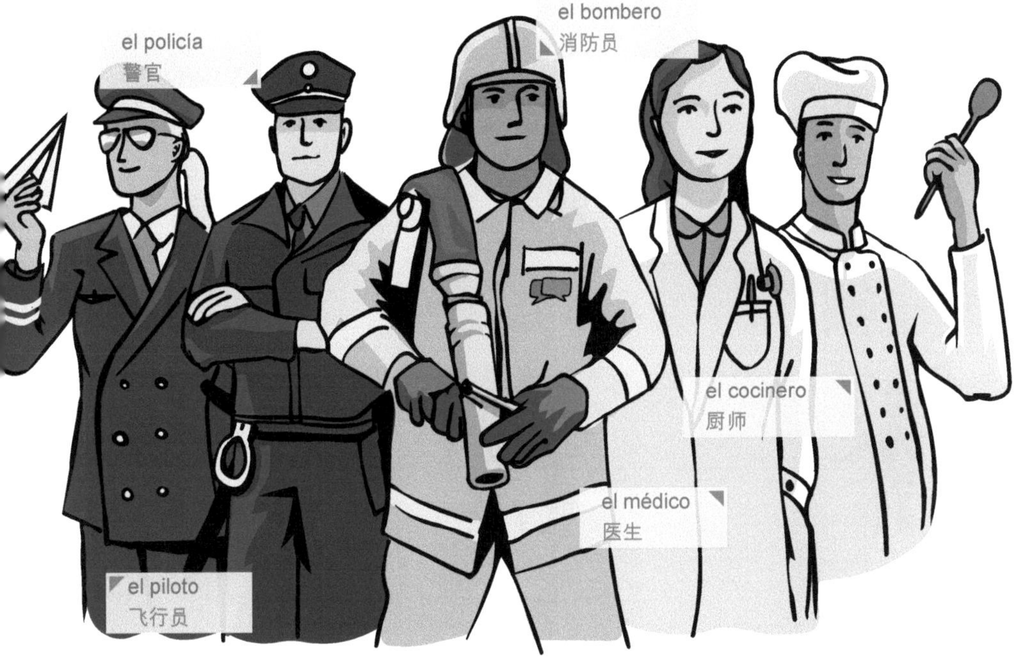
el policía
警官
el bombero
消防员
el cocinero
厨师
el médico
医生
el piloto
飞行员

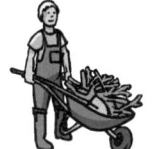

el jardinero
园丁

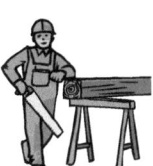

el carpintero
木匠

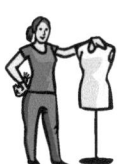

la modista
裁缝

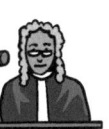

el juez
法官

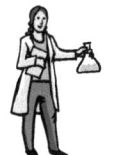

el farmacéutico
化学家

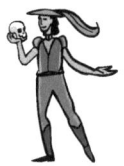

el actor
演员

el colectivero

公交车司机

el taxista

出租车司机

el pescador

渔夫

la mucama

清洁女工

el techista

屋顶工

el mozo

服务员

el cazador

猎人

el pintor

画家

el panadero

面包师

el electricista

电工

el albañil

建筑工人

el ingeniero

工程师

el carnicero

屠夫

el plomero

水管工

el cartero

邮递员

el soldado

士兵

el arquitecto

建筑师

el cajero

收银员

el florista

花农

el peluquero

理发师

el cobrador

售票员

el mecánico

机械师

el capitán

船长

el dentista

牙医

el científico

科学家

el rabino

拉比

el imán

伊玛目

el monje

和尚

el sacerdote

牧师

# las herramientas

## 工具

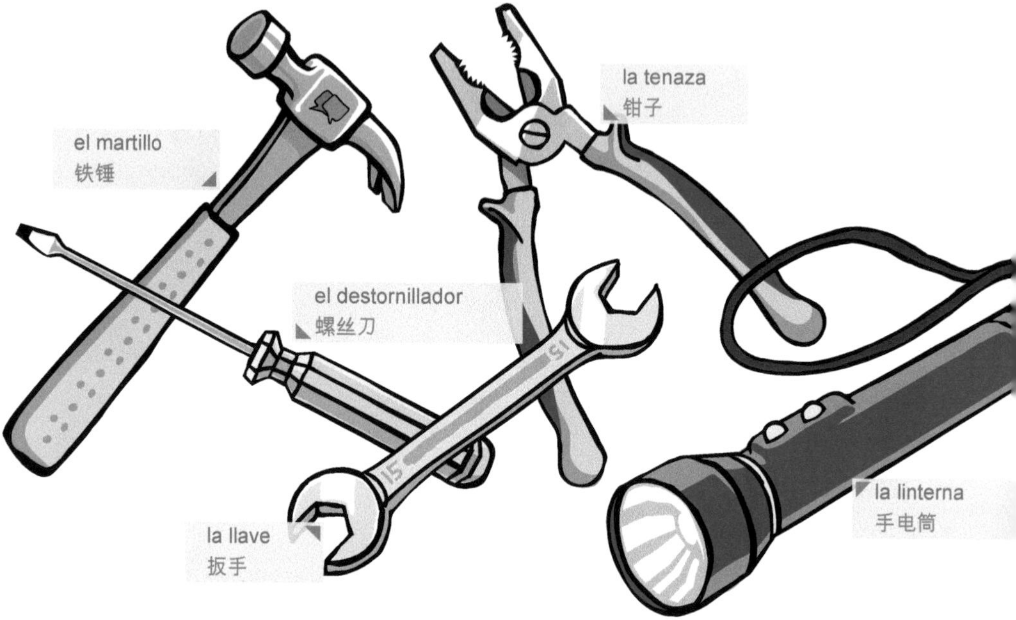

el martillo
铁锤
la tenaza
钳子
el destornillador
螺丝刀
la llave
扳手
la linterna
手电筒


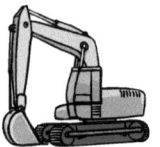

la excavadora

挖掘机

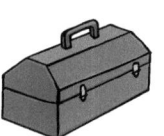

la caja de herramientas

工具箱

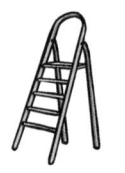

la escalera portátil

梯子

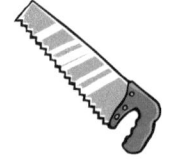

la sierra

锯子

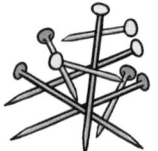

los clavos

钉子

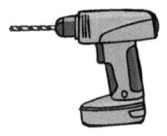

el taladro

钻机

arreglar

修

la pala de jardín

铲子

¡Qué bronca!

靠！

la pala de plástico

簸箕

el tacho de pintura

油漆桶

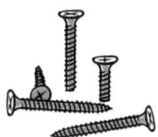

los tornillos

螺丝

# los instrumentos musicales

## 乐器

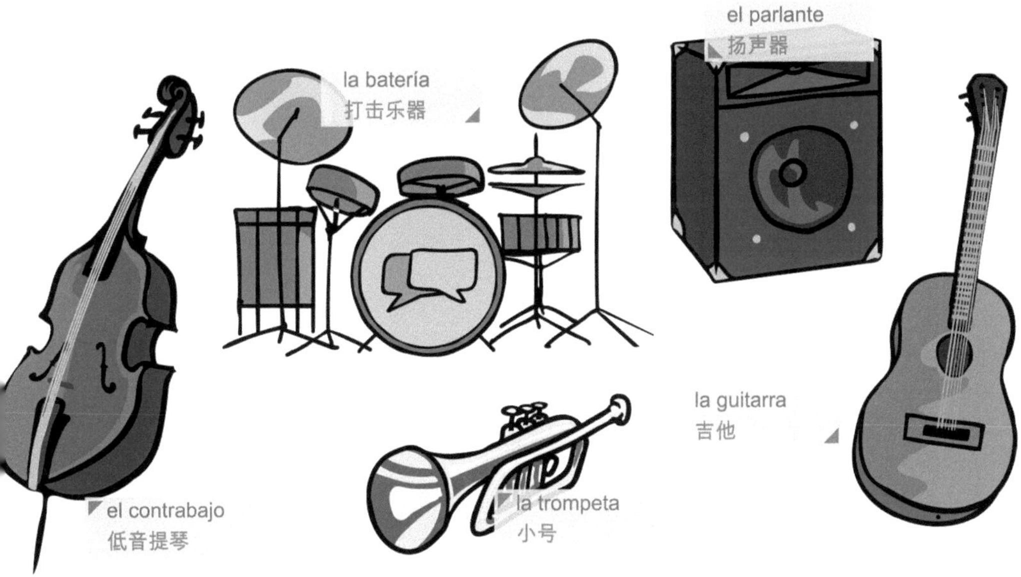

el parlante
扬声器

la batería
打击乐器

la guitarra
吉他

el contrabajo
低音提琴

la trompeta
小号

el piano

钢琴

el violín

小提琴

el bajo

贝斯

los timbales

定音鼓

el tambor

鼓

el teclado

电子琴

el saxofón

萨克斯管

la flauta

长笛

el micrófono

麦克风

# el zoológico
## 动物园

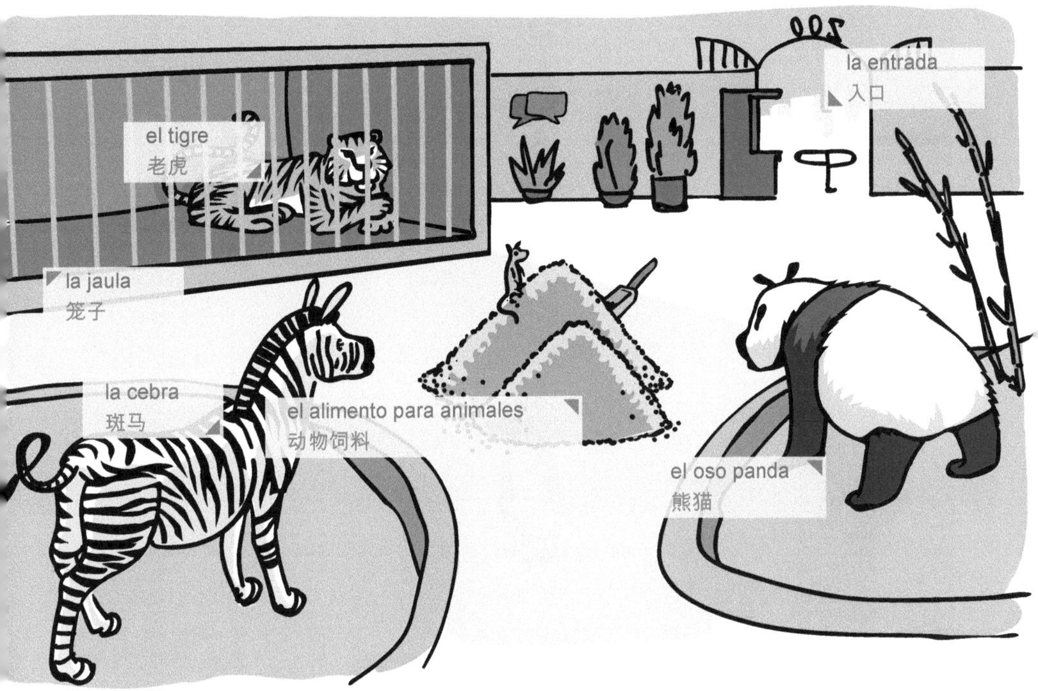

la entrada
入口
el tigre
老虎
la jaula
笼子
la cebra
斑马
el alimento para animales
动物饲料
el oso panda
熊猫


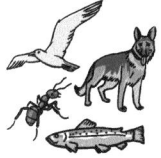

los animales

动物

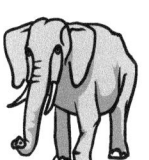

el elefante

大象

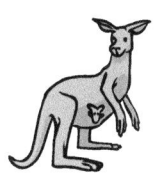

el canguro

袋鼠

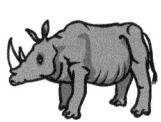

el rinoceronte

犀牛

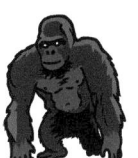

el gorila

大猩猩

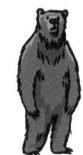

el oso

熊

el camello

骆驼

el avestruz

鸵鸟

el león

狮子

el mono

猴子

el flamenco

火烈鸟

el loro

鹦鹉

el oso polar

北极熊

el pingüino

企鹅

el tiburón

鲨鱼

el pavo real

孔雀

la serpiente

蛇

el cocodrilo

鳄鱼

el cuidador del zoológico

动物园管理员

la foca

海豹

el jaguar

美洲豹

el poni

矮种马

el leopardo

豹

el hipopótamo

河马

la jirafa

长颈鹿

el águila

老鹰

el jabalí

野猪

el pescado

鱼

la tortuga

龟

la morsa

海象

el zorro

狐狸

la gacela

羚羊

el fútbol americano
橄榄球

el ciclismo
骑自行车

el tenis
网球

el básquet
篮球

la natación
游泳

el boxeo
拳击

el hockey sobre hielo
冰球

el fútbol

英式足球

el bádminton

羽毛球

el atletismo

田径

el handball

手球

el esquí

滑雪

el polo

马球

saltar
跳

reír
笑

abrazar
拥抱

cantar
唱

caminar
走路

soñar
做梦

rezar
祈祷

besar
亲吻

escribir
书写

dibujar
画

mostrar
展示

presionar
推

dar
给

tomar
拿

tener

有

hacer

做

ser

当

estar parado

站

correr

跑

tirar

拉

tirar

扔

caer

摔倒

estar acostado

躺

esperar

等待

llevar

携带

estar sentado

坐

vestirse

穿衣

dormir

睡觉

despertar

醒来

mirar

看

llorar

哭

acariciar

抚摸

peinar

梳头

hablar

交谈

entender

明白

preguntar

问

escuchar

听

beber

喝

comer

吃

ordenar

清理

amar

爱

cocinar

做饭

manejar

开车

volar

飞

navegar

航行

calcular

计算

leer

读

aprender

学习

trabajar

工作

casarse

结婚

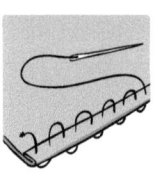

coser

缝

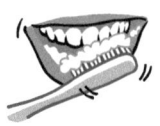

cepillarse los dientes

刷牙

matar

杀

fumar

抽烟

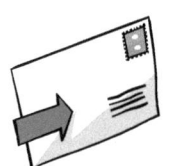

enviar

寄

la abuela
祖母

el abuelo
祖父

el padre
父亲

el bebé
婴童

la madre
母亲

la hija
女儿

el hijo
儿子

el invitado
客人

la tía
阿姨

el tío
叔叔

el hermano
兄弟

la hermana
姐妹

# el cuerpo
## 身体

la frente
前额
el ojo
眼睛
el hombro
肩膀
el dedo
手指
la cara
脸
la pera
下巴
la mano
手
la pierna
腿
el pecho
乳房
el brazo
手臂

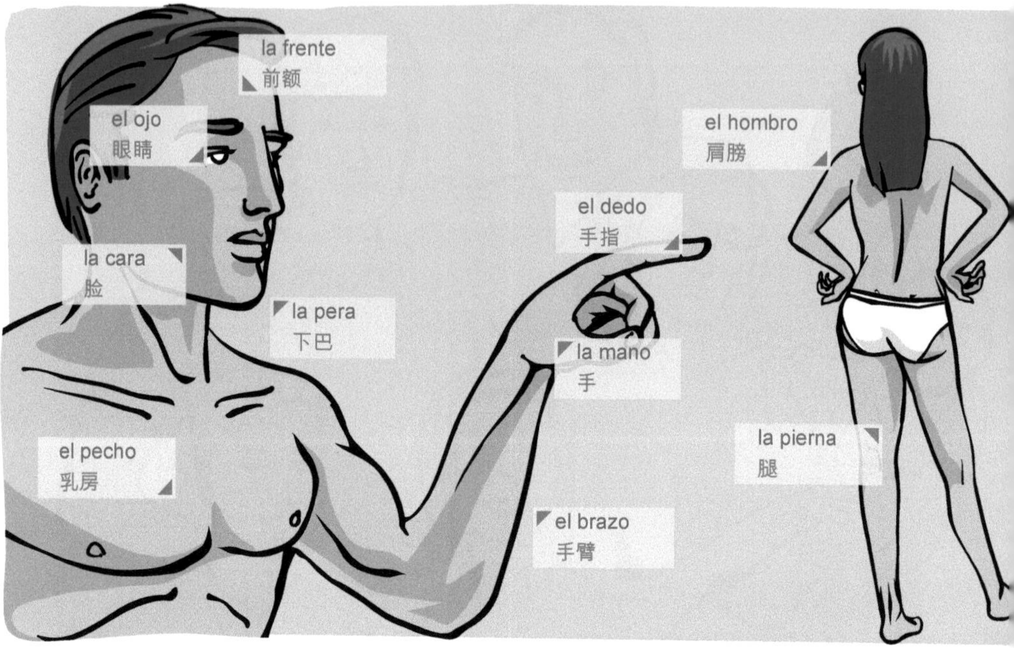

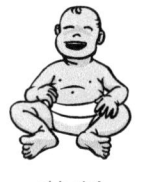

el bebé

婴童

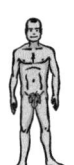

el hombre

男人

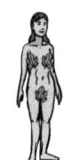

la mujer

女人

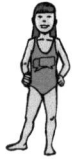

la nena

女孩

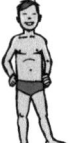

el nene

男孩

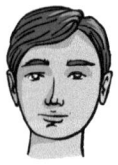

la cabeza

头

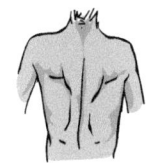

la espalda

背部

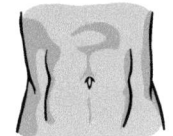

la panza

肚子

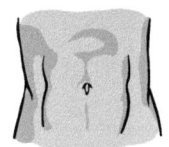

el ombligo

肚脐

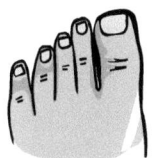

el dedo del pie

脚趾

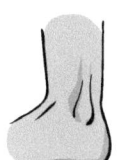

el talón

脚后跟

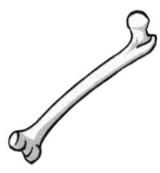

el hueso

骨头

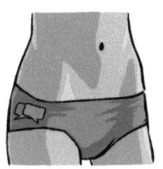

la cadera

臀部

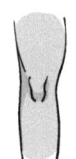

la rodilla

膝盖

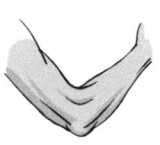

el codo

手肘

la nariz

鼻子

la cola

屁股

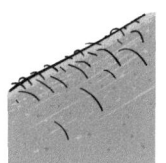

la piel

皮肤

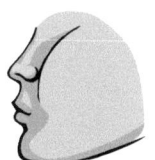

el cachete

脸颊

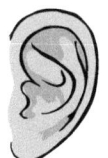

la oreja

耳朵

el labio

嘴唇

el cuerpo - 身体

la boca

嘴

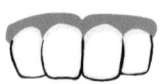

el diente

牙齿

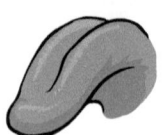

la lengua

舌头

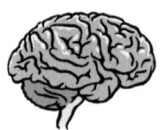

el cerebro

脑

el corazón

心脏

el músculo

肌肉

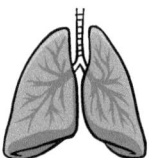

el pulmón

肺

el hígado

肝脏

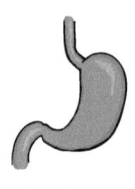

el estómago

胃

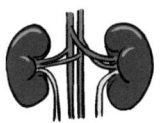

los riñones

肾脏

el sexo

性交

el preservativo

避孕套

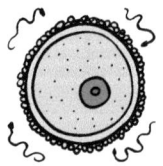

el óvulo

卵子

el semen

精子

el embarazo

怀孕

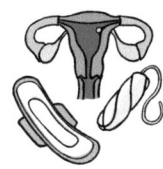

la menstruación

月经

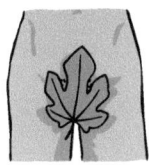

la vagina

阴道

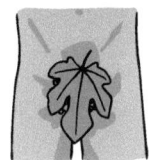

el pene

阴茎

la ceja

眉毛

el pelo

头发

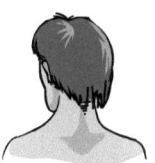

el cuello

脖子

# el hospital
# 医院

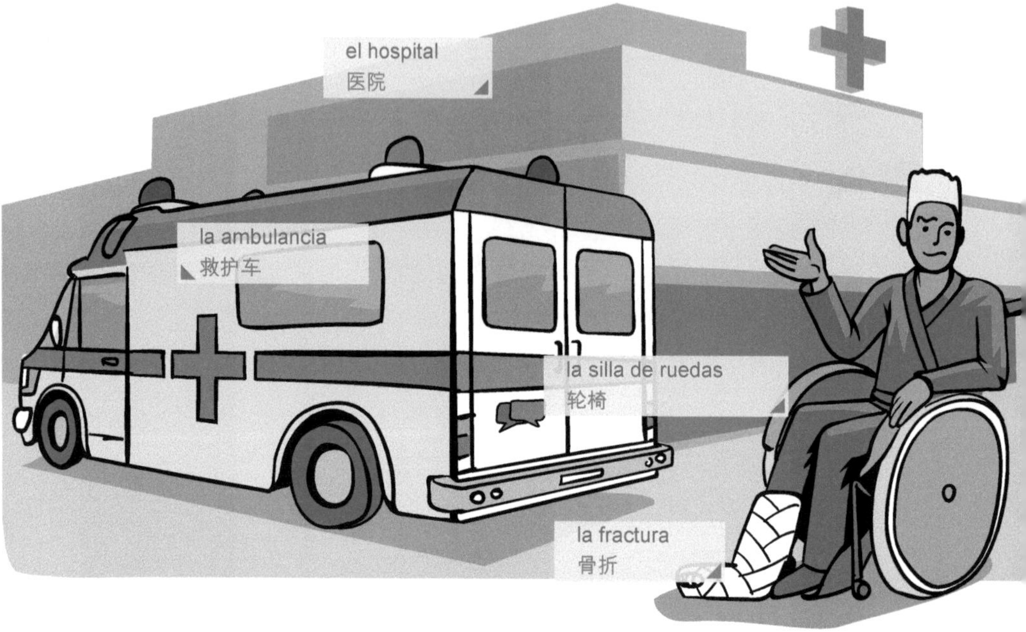

el hospital
医院
la ambulancia
救护车
la silla de ruedas
轮椅
la fractura
骨折

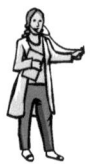

el médico
医生

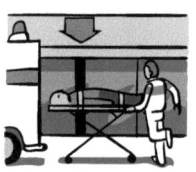

la sala de guardia
急诊室

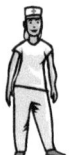

la enfermera
护士

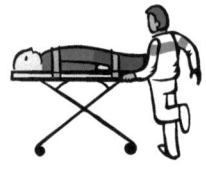

la emergencia
紧急情况

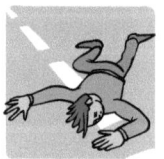

inconsciente
昏迷

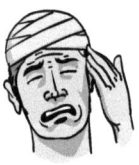

el dolor
痛

la lesión

受伤

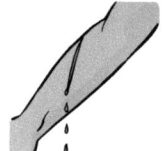

la hemorragia

出血

el infarto

心脏病发作

el ACV

中风

la alergia

过敏

la tos

咳嗽

la fiebre

发烧

la gripe

流感

la diarrea

腹泻

el dolor de cabeza

头痛

el cáncer

癌症

la diabetes

糖尿病

el cirujano

外科医生

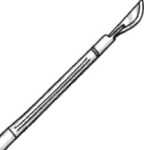

el bisturí

手术刀

la operación

手术

la TC

CT

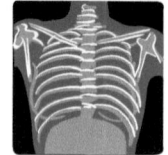

los rayos x

X光

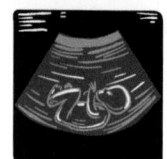

la ecografía

超声波

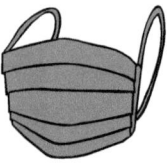

el barbijo

口罩

la enfermedad

疾病

la sala de espera

候诊室

la muleta

拐杖

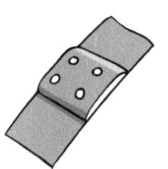

la curita

石膏

la venda

绷带

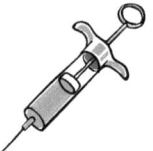

la inyección

注射

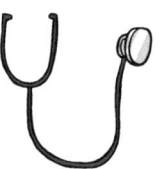

el estetoscopio

听诊器

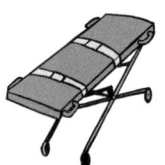

la camilla

担架

el termómetro

体温计

el nacimiento

出生

el sobrepeso

超重

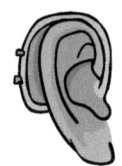
el audífono

助听器

el desinfectante

消毒液

la infección

感染

el virus

病毒

el VIH / SIDA

艾滋病

el remedio

药物

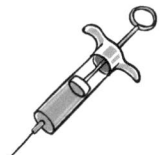
la vacunación

接种疫苗

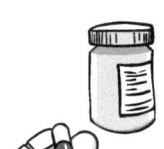
los comprimidos

药片

la pastilla anticonceptiva

药丸

la llamada de emergencia

急救电话

el tensiómetro

血压计

enfermo / sano

生病/健康

¡Ayuda!

救命！

la alarma

警报

la agresión

突击

el ataque

攻击

el peligro

危险

la salida de emergencia

紧急出口

¡Fuego!

着火啦！

el matafuego

灭火器

el accidente

意外

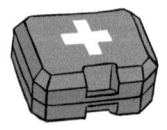

el botiquín de primeros
auxilios

急救箱

el SOS

呼救信号

la policía

警察

Europa

欧洲

América del Norte

北美洲

América del Sur

南美洲

África

非洲

Asia

亚洲

Australia

澳洲

el Atlántico

大西洋

el Pacífico

太平洋

el Océano Índico

印度洋

el Océano Antártico

南冰洋

el Océano Ártico

北冰洋

el polo norte

北极

el polo sur

南极

la Antártida

南极洲

la Tierra

地球

la tierra

陆地

el mar

海

la isla

岛

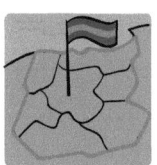

la nación

国家

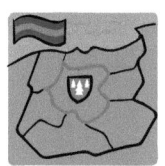

el estado

国家

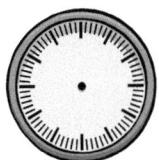

la esfera

钟面

la manecilla de las horas

时针

el minutero

分针

el segundero

秒针

¿Qué hora es?

现在几点？

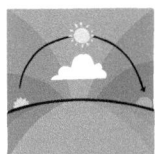

el día

天

la hora

时间

ahora

现在

el reloj digital

电子表

el minuto

分

la hora

时

# la semana

## 周

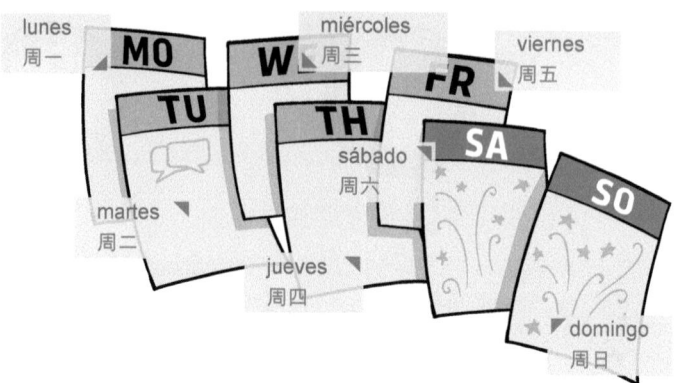

lunes 周一 MO
martes 周二 TU
miércoles 周三 W
jueves 周四 TH
viernes 周五 FR
sábado 周六 SA
domingo 周日 SO

ayer

昨天

hoy

今天

mañana

明天

la mañana

早晨

el mediodía

中午

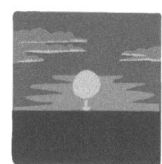

la tarde

晚上

los días hábiles

工作日

el fin de semana

周末

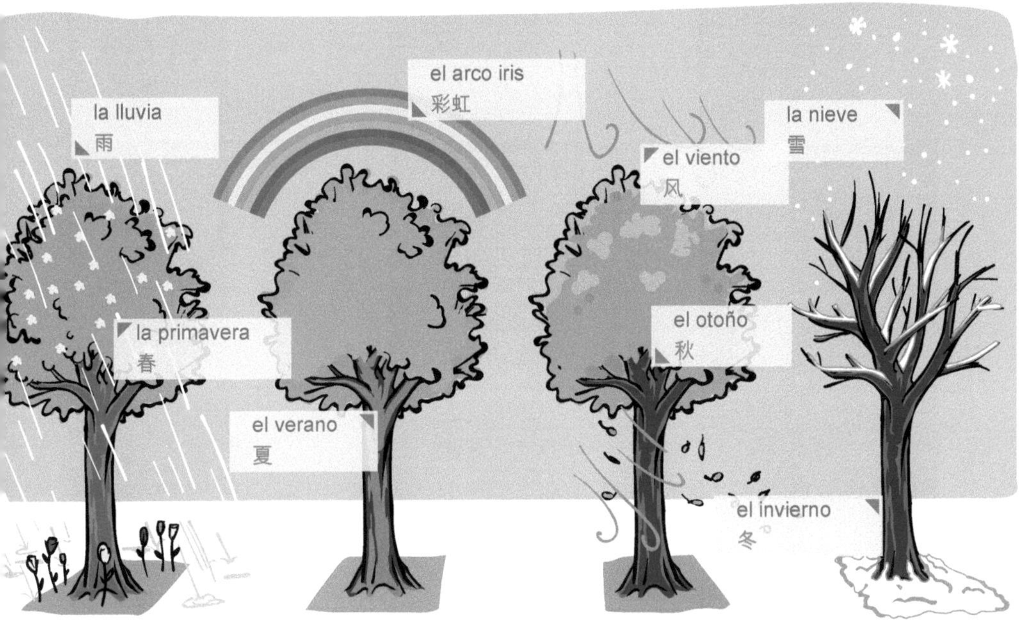

la lluvia
雨

el arco iris
彩虹

la nieve
雪

el viento
风

la primavera
春

el otoño
秋

el verano
夏

el ínvierno
冬

pronóstico meteorológico

天气预报

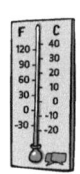

el termómetro

温度计

la luz del sol

阳光

la nube

云

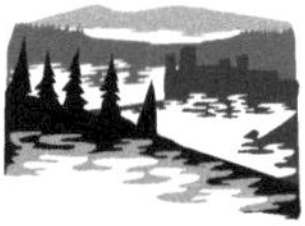

la niebla

雾

la humedad

潮湿

el rayo

闪电

el trueno

打雷

la tormenta

风暴

el granizo

冰雹

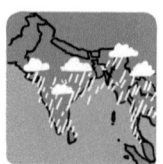

el monzón

季风

la inundación

洪水

el hielo

冰

enero

一月

febrero

二月

marzo

三月

abril

四月

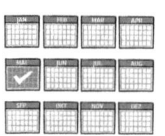

mayo

五月

junio

六月

julio

七月

agosto

八月

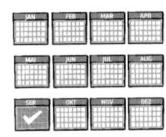

septiembre

九月

octubre

十月

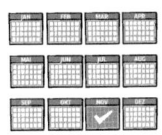

noviembre

十一月

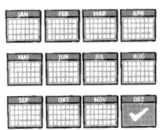

diciembre

十二月

el círculo

圆形

el cuadrado

正方形

el rectángulo

长方形

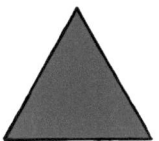

el triángulo

三角形

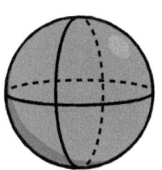

la esfera

球体

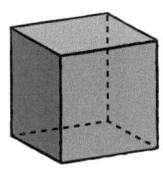

el cubo

立方体

blanco

白

amarillo

黄

naranja

橙

rosa

粉

rojo

红

violeta

紫

azul

蓝

verde

绿

marrón

棕

gris

灰

negro

黑

mucho / poco

很多/少许

enojado / tranquilo

生气/平静

lindo / feo

美/丑

el principio / el fin

首/尾

grande / chico

大/小

claro / oscuro

明/暗

el hermano / la hermana

兄弟/姐妹

limpio / sucio

干净/肮脏

completo / incompleto

完整/缺失

el día / la noche

白天/晚上

muerto / vivo

死/生

ancho / angosto

宽/窄

comestible / no comestible

可食用/非食用

malo / amable

邪恶/善良

entusiasmado / aburrido

兴奋/无聊

gordo / flaco

胖/瘦

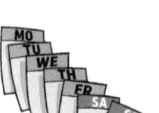

primero / último

第一/最后

el amigo / el enemigo

朋友/敌人

lleno / vacío

满/空

duro / blando

硬/软

pesado / liviano

重/轻

el hambre / la sed

饿/渴

enfermo / sano

生病/健康

ilegal / legal

非法/合法

inteligente / estúpido

聪明/愚笨

izquierda / derecha

左/右

cerca / lejos

近/远

nuevo / usado

新/旧

nada / algo

没有/有些

viejo / joven

老/幼

encendido / apagado

开/关

abierto / cerrado

打开/合上

silencioso / ruidoso

安静/吵闹

rico / pobre

富/穷

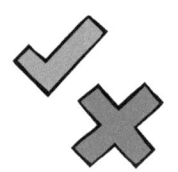

correcto / incorrecto

对/错

áspero / suave

粗糙/光滑

triste / contento

伤心/高兴

corto / largo

短/长

lento / rápido

慢/快

mojado / seco

湿/干

caliente / frío

温暖/凉爽

guerra / paz

战争/和平

los opuestos - 反义词

**0**

cero

零

**1**

uno

一

**2**

dos

二

**3**

tres

三

**4**

cuatro

四

**5**

cinco

五

**6**

seis

六

**7**

siete

七

**8**

ocho

八

**9**

nueve

九

**10**

diez

十

**11**

once

十一

**12**

doce

十二

**13**

trece

十三

**14**

catorce

十四

**15**

quince

十五

**16**

dieciséis

十六

**17**

diecisiete

十七

**18**

dieciocho

十八

**19**

diecinueve

十九

**20**

veinte

二十

**100**

cien

百

**1.000**

mil

千

**1.000.000**

el millón

百万

el inglés

英语

el inglés americano

美式英语

el chino mandarín

普通话

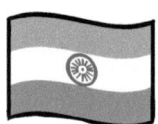

el hindi

印地语

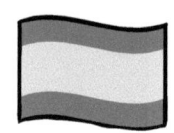

el español

西班牙语

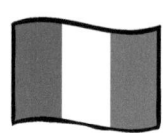

el francés

法语

el árabe

阿拉伯语

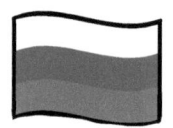

el ruso

俄语

el portugués

葡萄牙语

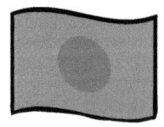

el bengalí

孟加拉语

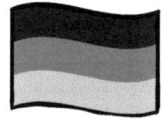

el alemán

德语

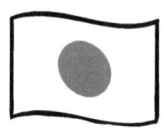

el japonés

日语

yo

我

vos

你

él / ella

他/她/它

nosotros

我们

ustedes

你们

ellos

他们

¿quién?

谁？

¿qué?

什么？

¿cómo?

怎样？

¿dónde?

哪里？

¿cuándo?

什么时候？

el nombre

名字

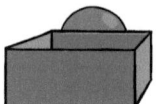

detrás

后面

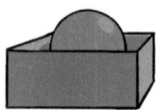

en

里面

adelante de

前面

por encima de

上方

sobre

上面

debajo de

下面

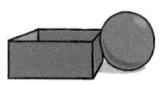

al lado de

旁边

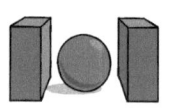

entre

中间

el lugar

地点